Michael Adam

Kampf der Kulturen? Huntingtons These in der Diskussi

GRIN - Verlag für akademische Texte

Der GRIN Verlag mit Sitz in München hat sich seit der Gründung im Jahr 1998 auf die Veröffentlichung akademischer Texte spezialisiert.

Die Verlagswebseite www.grin.com ist für Studenten, Hochschullehrer und andere Akademiker die ideale Plattform, ihre Fachtexte, Studienarbeiten, Abschlussarbeiten oder Dissertationen einem breiten Publikum zu präsentieren.

Michael Adam

Kampf der Kulturen? Huntingtons These in der Diskussion

GRIN Verlag

Bibliografische Information der Deutschen Nationalbibliothek: Die Deutsche Bibliothek
verzeichnet diese Publikation in der Deutschen Nationalbibliografie; detaillierte bibliografische Daten sind im Internet über http://dnb.d-nb.de/ abrufbar.

1. Auflage 2007
Copyright © 2007 GRIN Verlag
http://www.grin.com/
Druck und Bindung: Books on Demand GmbH, Norderstedt Germany
ISBN 978-3-638-67580-2

Universität Regensburg

Institut für Politikwissenschaft

Professur für Internationale Politik mit dem Schwerpunkt Transatlantische Beziehungen

GK Einführung in die Internationale Politik (BM 4)

Wintersemester 2006/2007

Kampf der Kulturen? Huntingtons These in der Diskussion

Vorgelegt von:

Michael Adam

Studiengang: Politikwissenschaft / VWL

Hochschulsemester: 3

Inhaltsverzeichnis

1. Problemstellung und Literaturbericht

Im Dezember 1991 leitete der Zusammenbruch der Sowjetunion das Ende des Kalten Krieges und der daraus resultierenden bipolaren Machtordnung ein. In Folge dessen diskutiert die politikwissenschaftliche Fachwelt seit den neunziger Jahren verstärkt darüber, wie sich die internationale Politik nach dem Ende des Ost-West-Konflikts entwickeln wird. Die wohl bekanntesten Abhandlungen zu dieser Thematik stellen John Mearsheimers Publikation „Back to the Furture – Instability in Europe after the Cold war" und die Ausführungen Samuel P. Huntingtons zum Kampf der Kulturen dar. Letztere veröffentlichte der Harvard-Professor im Jahre 1993 als Aufsatz mit dem Titel „The Clash of Civilizations?" in der Zeitschrift *Foreign Affairs*. Huntington erläutert darin seine These, dass Konflikte in Zukunft primär zwischen Kulturkreisen bzw. zwischen Angehörigen verschiedener Kulturkreise entlang kultureller Bruchlinien und nicht mehr – aus ideologischen oder wirtschaftlichen Gründen - zwischen einzelnen Nationalstaaten entstehen und ausgetragen werden.[1] Diese Prognose eines Kampfes der Kulturen löste in den letzten Jahren eine sehr kontroverse und weltweit geführte Diskussion aus. Huntington sah und sieht sich neben sehr viel Zuspruch auch enormer Kritik ausgesetzt[2], was ihn u.a. dazu bewegte, im Jahre 1996 die These vom Kampf der Kulturen in einem eigenständigen Buch „The Clash of Civilizations and the Remaking of World Order" zu verteidigen bzw. zu präzisieren.

Die vorliegende Arbeit stellt Huntingtons Kampf der Kulturen zur Diskussion und geht mit Blick auf den Bosnienkrieg (1992-1995), den Huntington als eines der Paradebeispiele für seine These nennt, gezielt der Frage nach, ob Huntingtons Konzept vom „Clash of Civilizations" tatsächlich haltbar ist. Zu diesem Zweck wird Huntingtons These in einem ersten Schritt erläutert. Um diese bewerten zu können, wird in einem zweiten Schritt der Bosnienkrieg als Fallbeispiel untersucht. Einer Einführung in Verlauf und Hintergründe des Bosnienkonflikts folgt der detaillierte Erklärungsansatz des US-amerikanischen Politikwissenschaftlers. Im Folgenden sollen Kritikpunkte an Huntingtons Theorie dargelegt und am Beispiel des Bosnienkrieges auf ihre Berechtigung untersucht werden. Abschließend werden die bei der Untersuchung des Fallbeispiels gewonnen Erkenntnisse generalisiert, um zu allgemeinen Erkenntnissen über die Richtigkeit bzw. Falschheit der These Huntingtons zu gelangen.

---

[1] Vgl. Huntington, 1996: S. 410f.
[2] Vgl. Ebd.: S. 11.

Für die Analyse der Huntington'schen These vom Kampf der Kulturen bzw. für die Erklärung des Bosnienkrieges aus Sicht Huntingtons wurden die Arbeiten des Politikwissenschaftlers selbst, d.h. der Artikel „The Clash of Civilizations?" aus Foreign Affairs, sowie spätere Monographien Huntingtons verwendet. Die Ausführungen zum Bosnienkrieg bzw. dessen Entstehung aus geschichtswissenschaftlicher Sicht sind im Wesentlichen dem Werk „Der Krieg in Bosnien-Hercegovina" von Marie-Janine Calic entnommen. Schließlich wurden für die kritische Auseinandersetzung mit Huntingtons These Monographien bzw. Aufsätze von Gazi Calgar, Giacomo Chiozza, Ajami Fouad, Harald Müller, Dieter Senghaas, Amartya Sen und Bassam Tibi herangezogen.

2. Huntingtons These vom „Clash of Civilizations"

In seinem Aufsatz „The Clash of Civilizations?" geht Samuel P. Huntington der Frage nach, welche Konflikte bzw. Konfliktlinien die Welt nach dem Ende des Ost-West-Konflikts beherrschen werden und worin die Gründe hierfür zu suchen sind. Dabei kommt er zu dem Schluss, dass zukünftige Konflikte zumeist entlang kultureller Konfliktlinien auftreten werden, anstatt wie früher aufgrund ideologischer und ökonomischer Unterschiede bzw. Abgrenzungen. Diese interkulturellen Konflikte würden laut Huntington häufig auch von den jeweiligen Kulturgenossen gemeinsam ausgetragen. Obwohl Nationalstaaten ihre Rolle als mächtigste weltpolitische Akteure auch in Zukunft behaupteten, träten Konflikte also hauptsächlich zwischen Nationen oder Gruppen aus verschiedenen Kulturkreisen auf. Zwar gäbe es auch weiterhin Konflikte zwischen Staaten und Gruppen aus einer Zivilisation, doch seien diese weniger intensiv und breiteten sich weniger stark aus.[3]

2.1 Zivilisationsbegriff und Einteilung der Welt in Kulturkreise

Da Huntington kulturelle Unterschiede als Konfliktquelle der Zukunft ausgemacht hat, gruppiert er bei der Analyse künftiger Konfliktlinien Staaten nicht – wie bislang üblich – anhand gleicher bzw. ähnlicher ökonomischer und politischer Systeme oder äquivalentem wirtschaftlichem Entwicklungsstand, sondern anhand kultureller Gemeinsamkeiten.[4] Dementsprechend betrachtet Huntington Kulturkreise („civilizations"[5]) als

> „[...] the highest cultural grouping of people and broadest level of cultural identity people have short of that which distinguishes humans from other species."[6]

Solche Zivilisationen definieren sich „sowohl durch gemeinsame objektive Elemente wie Sprache, Geschichte, Religion, Sitten, Institutionen als auch durch subjektive Identifikationen der Menschen mit ihr."[7] Derartige Faktoren sind dazu geeignet, einerseits Angehörige verschiedener Kulturkeise in Konflikte zu treiben, andererseits aber auch Kulturgenossen zu einen.

---

[3] Vgl. Huntington 1993: S. 38.
[4] Vgl. Ebd.: S. 24.
[5] Die inhaltlich korrekte deutsche Übersetzung des Wortes „civilization" lautet „Kulturkreis". Eine Gleichsetzung mit dem deutschen Wort „Zivilisation" ist unter Sprachwissenschaftlern umstritten. Im Folgenden werden – aus Gründen der einfacheren Handhabbarkeit - allerdings beide Übersetzungen gleichbedeutend verwendet.
[6] Huntington 1993: S. 24.
[7] Huntington 2002: S. 54.

Huntington zeigt zudem auf, dass Zivilisationen sowohl aus lediglich einem Nationalstaat, als auch aus mehreren Staaten bestehen können.[8] Zudem erkennt er in manchen Kulturkreisen jeweils einen so genannten Kernstaat, der sich von den anderen Ländern aufgrund eines höheren - meist militärischen - Machtpotentials absetzt. Solche Kernstaaten haben eine Ordnungs- und Stabilisierungsfunktion, da sich weniger potente Staaten innerhalb des Kulturkreises diesen mächtigeren Ländern unterordnen, um militärischen Beistand zu erhalten und die Durchsetzung eigener Interessen sicherzustellen. An die Stelle der einstigen bipolaren Ordnung tritt bei Huntington also die Vorstellung einer multipolaren Welt.

Entsprechend ihrer kulturprägenden Religionen unterteilt Huntington die Erde in sieben bzw. acht Kulturkreise[9], wobei dem Judentum und dem Buddhismus wenig Bedeutung beigemessen wird: den westlichen-christlichen (Kernstaat USA), den slawisch-orthodoxen (Kernstaat Rußland), den konfuzianischen[10] (Kernstaat China), den japanischen (Kulturkreis und Kernstaat identisch), den hinduistischen (ohne Kernstaat), den islamischen (ohne Kernstaat) und den lateinamerikanischen Kulturkreis (ohne Kernstaat), sowie einen mehr oder weniger homogenen afrikanische Kulturkreis (ohne Kernstaat). Letzterer ist seiner Ansicht nach zwar bislang kulturell und religiös äußerst heterogen, jedoch entwickelt sich zunehmend eine eigenständige afrikanische Identität[11].

Obwohl Huntington die von ihm ausgemachten Kulturkreise geographisch relativ deutlich voneinander abgrenzt, nimmt er dennoch eine wichtige Einschränkung vor:

> „Civilizations are dynamic; they rise and fall; they divide and merge. And, as any student of history knows, civilizations disappear and are buried in the sands of time.[12]"

Kulturkreise sind also keine politischen Einheiten, deren Grenzen eindeutig gezogen werden können, und die für alle Ewigkeit starr und unveränderlich sein müssen. Für Huntington sind Kulturräume zwar äußerst langlebig, aber dennoch einem gewissen Entwicklungsprozess unterworfen, da sie sich überlappen und aufeinander einwirken können.[13]

---

[8] Vgl. Huntington 1993: S. 24.
[9] Vgl. Ebd.: S. 25.
[10] In seinem Aufsatz von 1993 spricht Huntington vom konfuzianischen Kulturkreis. Dies präzisiert er in seinen späteren Werken, indem er fortan den Begriff des sinischen Kulturkreises gebraucht.
[11] Vgl. Huntington 2002: S. 61.
[12] Huntington 1993: S. 24.
[13] Vgl. Huntington 2002: S. 53ff.

2.2 Kampf der Kulturen: Ursachen und Ausprägungen

Wie bereits festgestellt wurde, sieht Huntington zukünftige Trennlinien der Menschheit sowie die Konfliktquellen der Zukunft im kulturellen Bereich. In diesem Sinne wird der Kampf der Kulturen die Weltpolitik dominieren und die Bruchlinien zwischen den Kulturen werden die Kampflinien der Zukunft sein.[14] Hierfür nennt er sechs Ursachen: Zunächst sind die Unterschiede zwischen den Kulturen zum einen real und zum anderen zu fundamental um Kompromisse zuzulassen. Die einzelnen Kulturkreise unterscheiden sich bezüglich ihrer Tradition, Sprache, Geschichte, Kultur und – was für Huntington am entscheidendsten und kulturprägendsten ist[15] – bezüglich ihrer Religion. Diese Werte münden in verschiedenen, oft gegensätzlichen Lebensanschauungen.[16] Huntington bemerkt an dieser Stelle, dass kulturelle Unterschiede wegen ihrer hohen Stabilität schwieriger ausgeglichen bzw. überwunden werden können als politische oder ideologische:

„[...] Communists can become democrats [...], but Russians cannot become Estonians [...]." [17]

Zudem führt das Fortschreiten der Globalisierung seiner Meinung nach zu einer immer höheren Anzahl an Interaktionen zwischen Kulturen, und damit in zunehmendem Maße zu Konflikten. Das Zivilisationsbewusstsein wird dabei gestärkt, weil Unterschiede zwischen den Zivilisationen und Gemeinsamkeiten innerhalb der Kulturkreise in einer globalisierten Welt immer augenscheinlicher zu Tage treten.[18] Des Weiteren werden Nationalstaaten, aufgrund des sozialen Wandels und der ökonomischen Modernisierung, immer weniger in der Lage sein, den Menschen als lokale Bezugseinheiten zu dienen, weshalb sich Individuen zwangsläufig mit dauerhaften, überstaatlichen Zivilisationen identifizieren werden. Solche Traditionsverluste werden nach Huntington zumeist mit einer „revanche de dieu"[19] – also mit einer weltweiten Renaissance der Religion - ausgeglichen. Die Religion - oftmals auch in Form fundamentalistischer Strömungen - tritt somit beispielsweise an die Stelle einstiger Ideologien. Darüber hinaus konstatiert Huntington, dass die breite Masse in den nicht-westlichen Kulturen zwar ein immer größeres Interesse an westlicher Kultur und westlichen Ge-

---

[14] Vgl. Huntington 1993: S. 23.
[15] Vgl. Müller 2003: S. 559
[16] Vgl. Huntington 1993: S. 25.
[17] Huntington 1993: S. 27.
[18] Vgl. Huntington 1993: S. 25.
[19] Huntington 1993: S. 26.

wohnheiten hat, gleichzeitig aber im Bereich der jeweiligen Eliten eine Rückbesinnung auf eigene, ursprüngliche Werte stattfindet.[20] Schließlich gewinne auch ein ökonomischer Regionalismus immer stärker an Bedeutung, was sich nach Huntington anhand der Entstehung von regionalen Wirtschafsblöcken wie der EU sowie einem zunehmendem Handelsvolumen der Zivilisationen zeigen lässt.[21]

Huntingtons Kampf der Kulturen kann auf mehreren Levels geführt werden. Zum einen auf der Mikroebene, nämlich zwischen einzelnen Gruppen entlang kultureller Konfliktlinien innerhalb eines Staates (vgl. Bosnienkrieg), z.B. um Territorium. Zum anderen auf der Makroebene, also zwischen einzelnen Staaten in verschiedenen Zivilisationen. Beispiele hierfür sind Konflikte, die die militärische und ökonomische Vormachtstellung oder die Kontrolle internationaler Organisationen betreffen.[22] Solche Konflikte können sich durch das *Kin-Country-Syndrom* zu sog. Kernstaatenkriegen ausweiten[23]. Manche Nationalstaaten betreiben nämlich eine Art „Band Wagoning", d.h. sie hängen sich entsprechend ihrer kulturellen Zugehörigkeit an andere Staaten innerhalb ihres Kulturkreises an. Geraten diese „Kin-Countries" nun in einen Konflikt, werden sie versuchen, Unterstützung von anderen Staaten in ihrer Zivilisation – vordergründig der Kernstaaten - zu bekommen („civilization rallying").[24]

Zudem geht Huntington auf die genauen Ausprägungen, des von ihm prognostizierten Kampfes der Kulturen ein. So sieht er für die Zukunft das größte Konfliktpotential in der Auseinandersetzung des Westens mit den restlichen Kulturkreisen („The West versus the Rest").[25] Dies liegt darin begründet, dass der Westen die Weltwirtschafts- und Weltsicherheitspolitik aufgrund seiner ökonomischen, institutionellen und militärischen Vormachtsstellung derzeit de facto alleine bestimmt. Die anderen Kulturkreise können laut Huntington darauf entweder mit einer Isolationspolitik, mit einer Annäherung an den Westen („Band-Wagoning") oder mit einer Zusammenarbeit mit dem Westen bis zum Ausgleich militärischer, politischer und wirtschaftlicher Defizite („to modernize but not to Westernize"[26]) reagieren. Letzteres ist vor allem im konfuzianischen und islamischen Kulturraum zu beobachten („konfzianisch-islamische Schiene"[27]).

---

[20] Vgl. Huntington 1993: S. 26f.
[21] Vgl. Ebd.: S. 27.
[22] Vgl. Huntington 1993: S. 29.
[23] Vgl. Barth 2002: S. 46.
[24] Vgl. Huntington 1993: S. 35f.
[25] Vgl. Ebd.: S. 39-41.
[26] Huntington 1993: S. 41.
[27] Huntington 2002: S. 168.

Als problematisch sieht Huntington dabei die Tatsache an, dass die weltweite Übermacht westlicher Kulturmerkmale aktuell vor allem in denjenigen Zivilisationen eine Besinnung auf eigene Werte und Traditionen bedingt, welche jeweils die Bildung von noch stabileren Zivilisationen forciert. Im konfuzianischen und islamischen Kulturkreis tragen die rasante militärische und demographische Entwicklung dazu bei, dass sich die zugehörigen Nationen immer mehr vom Westen emanzipieren und – eventuell auch gemeinsam - an der weltpolitischen Machtordnung rütteln. Huntington erkennt innerhalb dieser Entwicklung dieser „confucian-islamic connection"[28] eine große Gefahr für den Westen und prophezeit, dass es vor allem zwischen westlicher Welt und Islam zu blutigen Auseinandersetzungen kommen wird, weil die Muslime „[...] Probleme [haben], mit ihren Nachbarn friedlich zusammenzuleben."[29] Dies belegt er anhand diverser Statistiken sowie des historischen Kontextes. Gerader letztere Prognose löste in der islamischen Welt aber auch in Teilen der politikwissenschaftlichen Fachwelt Empörung aus.

---

[28] Huntington 1993: S. 45.
[29] Huntington 2002: S. 418.

3. Huntingtons Fallbeispiel: Der Bosnienkrieg 1992-1995

In seinen Ausführungen zum „Clash of Civilizations" verweist Samuel P. Huntington immer wieder auf das Beispiel des Bosnienkrieges. Aus diesem Grund erscheint der Konflikt auf dem Balkan zu Beginn der neunziger Jahre sehr geeignet, um Huntingtons These zu testen und zu überprüfen, ob die politikwissenschaftliche Kritik am „Kampf der Kulturen" berechtigt ist. Im Folgenden werden zunächst kurz der Kriegsverlauf beschrieben und die wichtigsten Akteure genannt. Danach folgt die Ausführung von Huntingtons spezifischem Erklärungsansatz für den Bosnienkonflikt.

3.1 Kriegsverlauf und Akteure

Nach dem Ende des Kalten Krieges brach die Sozialistische Föderative Republik Jugoslawien wie diverse andere sozialistische Staaten in Osteuropa auseinander. Dieser Prozess verlief auf dem Balkan allerdings nicht - wie andernorts - friedlich. Der Auflösung Jugoslawiens „gingen Monate einer sich rasch beschleunigenden Erosion aller staatlichen Strukturen voraus, die an der Jahreswende 1989/90 die Bundesgewalten total lähmte."[30] Schließlich bildete der Austritt Sloweniens, Kroatiens und in Folge dessen auch das Ausscheiden Bosnien-Herzegowinas und Mazedoniens aus dem Staatsverband im Jahre 1991 den formellen Anlass für die Jugoslawienkriege. Die noch bestehende jugoslawische Volksarmee versuchte gewaltsam die Unabhängigkeitsbestrebungen der abtrünnigen Republiken zu unterbinden. Bosnische Muslime und Kroaten schlossen daraufhin ein Militärbündnis gegen die einmarschierenden Truppen. Schon bald gelang es den Partnern, die alte Volksarmee schrittweise nach Restjugoslawien zurückzuschlagen.[31]

Im Frühjahr 1992 begann schließlich der eigentliche Bosnienkrieg, als die Armee der neuen Republik Bosnien-Herzegowina in nationale Untergruppierungen zerfiel. Von nun an kämpften die private Armee der bosnischen Serben, der kroatische Verteidigungsrat und die muslimischen Kampfverbände, welche im Mai 1992 formell die Armee Bosnien-Herzegowinas bildeten, gegeneinander und versuchten möglichst große Gebiete unter ihre Kontrolle zu bringen.[32]

---

[30] Calic 1995: S. 35.
[31] Vgl. Calic 1995: S. 103.
[32] Vgl. Bryant 1993: S.8-10.

Anlass der Auseinandersetzung war die Frage, welchen Kurs Bosnien-Herzegowina gegenüber Rest-jugoslawien und den nun unabhängigen Republiken verfolgen sollte. Während die serbische Bevöl-kerung für einen Verbund mit Restjugoslawien also mit Serbien und Montenegro eintrat, wollten sich die bosnischen Kroaten an Kroatien anlehnen. So ist es auch nicht verwunderlich, dass die kroa-tischen Kämpfer in Bosnien von Kroatien und die serbische Kriegspartei von Serbien – mehr oder weniger offiziell – unterstützt wurde.

Im Laufe des Jahres 1992 eskalierte die Lage schließlich, als neben den drei neuen Armeen auch noch zahlreiche Milizen, Bürgerwehren und paramilitärische Verbände auftraten und die Zivilbe-völkerung in das Kampfgeschehen miteinbezogen wurde.[33] Das Kriegsgeschehen forderte tausende Opfer und veranlasste Millionen Menschen zur Flucht.[34] Ab 1994 kämpften Kroaten und bosnische Muslime in einem „Befreiungskrieg" gegen die Serben.[35] In den Kriegsverlauf schaltete sich auch der Westen ein und verteidigte Bosnien-Herzegowina gegen die Serben. Allerdings konnten auch internationale Vermittlungsbemühungen und der Einsatz von UN-Truppen den Krieg lange Zeit nicht eindämmen. Erst 1995 zeigten sich die Kriegsparteien unter internationalem Druck bereit, ernsthafte Verhandlungen über ein Kriegsende zu führen, das Ende des Jahres zustande kam.

3.2 Erklärungsansatz nach Huntington

Samuel P. Huntington benutzt den Bosnienkrieg oftmals als Beleg für seine These des „Clash of Civilizations". Demnach wurde der Konflikt entlang derjenigen kulturellen Bruchlinie („Falt-Line") ausgetragen, die mitten durch Europa verläuft. Dieser Kampf der Kulturen findet auf mikroskopi-scher Ebene, also zwischen Gruppen mit verschiedenen Kulturkreiszugehörigkeiten, die im einsti-gen Jugoslawien friedlich zusammenlebten, statt. Huntington argumentiert, dass lediglich die kultu-rellen Unterschiede, allen voran die verschiedenen Religionen, die drei Ethnien in Bosnien-Herzegowina in den Krieg getrieben haben. So kämpften auf dem Balkan orthodoxe Serben, katholi-sche Kroaten und muslimische Bosnier gegeneinander.

Auch das Kin-Country-Syndrom versucht Huntington an diesem Fallbeispiel nachzuweisen. Er ver-tritt die Auffassung, dass die drei Kriegsparteien Unterstützung bzw. Solidarität von anderen Staaten

---

[33] Vgl. Calic 1995: S. 96-102.
[34] Vgl. Ebd.: S. 119.
[35] Vgl. Ebd.: S. 106.

ihrer jeweiligen Kulturkreise erhielten.[36] In diesem Sinne argumentiert er zunächst, dass der Westen den katholischen, westlich orientierten Kroaten gemäß seines Zivilisationsbewusstseins den Rücken gestärkt habe. Die westliche Öffentlichkeit hätte zwar große Solidarität mit den bosnischen Muslimen in deren Kampf gegen die orthodoxen Serben gezeigt, doch seien die katholischen Kroaten auf noch viel mehr Verständnis gestoßen, obwohl sich diese – wie die Serben – an Angriffen auf Muslime beteiligten.[37] Auch die islamische Welt intervenierte auf dem Balkan und stellte sich hinter die muslimischen Bosnier. Zunächst griff diese nur verbal den Westen an, weil dieser den Bosniern nach eigener Auffassung nicht entschieden genug zur Hilfe gekommen sie. Schließlich erhielten die Bosnier aber auch personelle und materielle Unterstützung aus der islamischen Welt. Berichten zufolge sollen im Jahre 1993 4000 Muslime aus mehr als zwei Dutzend islamischen Staaten an Kämpfen in Bosnien teilgenommen haben. Schließlich gewährten auch Russland und Griechenland ihren orthodoxen Kulturgenossen Hilfen. Moskau verfolgte zwar offiziell einen gemäßigten Kurs, entsandte aufgrund innenpolitischen Drucks aber dann doch Militär.[38]

Obwohl der Bosnienkrieg aus Huntingtons Sicht kein außergewöhnlich ausufernder Krieg zwischen verschiedenen Kulturkreisen war, sei das von ihm prognostizierte „civilization rallying" deutlich erkennbar gewesen. Dies wiederum sei lediglich ein Vorgeschmack auf die Zukunft.[39] Künftig würden Politiker, religiöse Führer und Medien kulturelle Trennlinien als Mittel einsetzen, um Unterstützung zu finden und zögernde Regierungen unter Druck zu setzen.[40]

---

[36] Vgl. Huntington 1993: S. 35.
[37] Vgl. Ebd.: S. 37.
[38] Vgl. Huntington 1993: S. 37.
[39] Vgl. Ebd.: S. 35.
[40] Vgl. Ebd.: S. 38.

4. Kritik an Huntingtons Erklärungsansatz und deren Untersuchung am Fallbeispiel

Samuel P. Huntington sieht sich seit der Veröffentlichung seiner Theorie vom Kampf der Kulturen teils heftiger Kritik aus der politikwissenschaftlichen Fachwelt ausgesetzt. Im Wesentlichen lassen sich hierbei zwei Bereiche unterscheiden, nämlich kritische Einwände gegen seinen Kulturkreisbegriff und gegen die vermeintlichen Ursachen, Ausprägungen und Folgen eines kulturellen Zusammenpralls. Da sich Huntington in seinen Ausführungen oftmals auf den Bosnienkrieg in den neunziger Jahren bezieht, liegt es auch nahe, die Kritik an der These des Kampfes der Kulturen nachfolgend anhand dieses Fallbeispieles zu untersuchen und auf ihre Berechtigung hin zu prüfen.

4.1 Fragwürdige Kulturkreiseinteilung und –Abgrenzung

Ein häufig geäußerter Kritikpunkt an der These vom Kampf der Kulturen zielt auf Huntingtons Einteilung der Kulturkreise, sowie der ihnen zugeordneten Staaten oder Gruppen ab. So wird beispielsweise argumentiert, Russland gehöre nicht dem slawisch-orthodoxen, sondern dem westlichen Kulturkreis an.[41] Mit Blick auf Bosnien-Herzegowina verweist Huntington bei seiner Kulturkreiseinteilung auf die Bruchlinie zwischen der westlichen, der slawisch-orthodoxen und der islamischen Zivilisation, die mitten durch das einstige Jugoslawien verläuft. Diese Konfliktlinie sei aufgrund der historischen und kulturellen Gegensätze zwischen den südslawischen Völkern entstanden, habe aber erst zu einer Auseinandersetzung geführt, nachdem die integrative Wirkung des sozialistischen jugoslawischen Staates weggefallen war.[42] Marie-Janine Calic gibt an dieser Stelle zu bedenken, dass die - von Huntington unterstellten - historisch gewachsenen kulturellen Unterschiede zwischen den einzelnen jugoslawischen Staatsnationen zwar durchaus real sind, die Grenzen zwischen Kulturen und Religionen jedoch nirgends hermetisch geschlossen waren. Aus diesem Grund entstanden an vielen Stellen klassische kulturelle Übergangsräume. Gerade in Bosnien-Herzegowina entwickelten sich „[...] multiethnisch, -konfessionell und –kulturell geprägte regionale Identitäten."[43] Calic übt also nicht nur Kritik an Huntingtons messerscharfer Kulturkreiseinteilung, sondern hinterfragt das Zivilisations-Konzept generell.

---

[41] Vgl. Klinghammer 2002: S.25
[42] Calic 1995: S. 18
[43] Calic 1995: S. 19

Der Wegfall staatlicher Identitäten nach dem Zusammenbruch Jugoslawiens beschleunigte ihrer Meinung nach zwar durchaus den Rückzug in kulturelle Selbstdefinitionen[44], jedoch sei dieser nicht ursächlich für den Bosnienkonflikt. Sie sieht – wie bereits angesprochen wurde – wirtschaftliche, soziale und verteilungspolitische Gründe für den Krieg, die aus nationalistischem Interesse nur auf kulturelle Unterschiede umgedeutet wurden.

Auch Harald Müller verweist darauf, dass Kulturen keine starren Gebilde sind. Im Gegensatz zu Huntington, der behauptet, Kulturen wären nur äußerst schwer wandelbar, vertritt er die Auffassung, dass Kulturkreise nicht nur verschiedene Entwicklungsphasen durchlaufen, sondern darüber hinaus auch ihre wesentlichen Merkmale verändern können.[45] Besonders im Falle Jugoslawiens dürfte sich ein Wandel bzw. eine Annäherung der unterschiedlichen Kulturen vollzogen haben, da Serben, Kroaten und bosnische Muslime schließlich jahrzehntelang friedlich in einem Staat zusammenlebten und ihre jeweiligen Kulturen daher nicht geographisch oder politisch getrennt voneinander erhalten konnten.

4.2 Reduzierung des Kulturbegriffs auf Religion

In seinen Ausführungen zum Kampf der Kulturen macht Huntington deutlich, dass die Religion für ihn den strukturprägendsten Faktor innerhalb der einzelnen Kulturkreise bzw. das maßgebliche Unterscheidungskriterium zwischen Zivilisationen darstellt.[46] Zudem ist er davon überzeugt, dass die „Entsäkularisierung der Welt" seit dem Ende des Kalten Krieges in vollem Gang ist.[47] Dementsprechend sieht er auch die unterschiedlichen Religionen der drei Staatsnationen im ehemaligen Jugoslawien als Hauptgrund für den Bosnienkrieg an. Eine solche Reduzierung des Kulturbegriffes auf Religion wurde in der politikwissenschaftlichen Fachwelt oft kritisiert. So warnt beispielsweise Ajami Fouad davor, Macht und Einfluss von Traditionalisten – und damit auch Fundamentalisten - in den einzelnen Kulturkreisen überzubewerten. Seiner Meinung nach unterschätzt Huntington in seiner These den Einfluss der aktuell weltweit fortschreitenden Säkularisierung und Modernisierung.

---

[44] Vgl. Ebd.: S. 34.
[45] Vgl. Müller 2003: S. 562.
[46] Vgl. Ebd.: S. 559.
[47] Vgl. Huntington 1996: S. 145.

So sei gerade in Indien und diversen islamischen Staaten eindeutig zu beobachten, dass sich gebilde-te Mittelschichten in Zukunft – entgegen Huntingtons Prognose – vom Fundamentalismus abwen-den.[48]

Im Hinblick auf den Balkan lässt sich die angeblich große Bedeutung der Religion als kulturprägen-der Faktor relativieren. Zwar basiert die nationale Differenzierung von Kroaten, Serben und bosni-schen Muslimen nicht primär auf sprachlichen, sondern auf konfessionellen Merkmalen[49], doch er-gaben repräsentative Umfragen, dass Ende der achtziger Jahre nur noch 53% der Kroaten, 34% der Serben und 37 % der bosnischen Muslime gläubig waren[50]. Es kann also kaum ernsthaft behauptet werden, dass religiöser Eifer bzw. das Bewusstsein religiöser Unterschiede nach dem Zusammen-bruch Jugoslawiens alleine ursächlich für den Bosnienkrieg waren.

Häufig kritisiert wird in diesem Zusammenhang auch Huntingtons Behauptung, der Islam sei eine besonders feindselige, konfliktsuchende Religion. Dies zeigt sich ganz deutlich an seiner These der „blutigen Grenzen des Islam"[51]. Dieser These zufolge sind Auseinandersetzungen zwischen lokalen muslimischen und nichtmuslimischen Bevölkerungen gang und gäbe. Mit Blick auf den Bosnien-krieg unterstellt Huntington dementsprechend den bosnischen Muslimen,

> „[…] einen blutigen und verhängnisvollen Krieg mit orthodoxen Serben geführt und auch gegen katholische Kroaten Gewalt ausgeübt [zu haben]."[52]

Gemäß dem heutigen geschichtswissenschaftlichen Forschungsstand dürfte wohl völlig außer Frage stehen, dass die bosnischen Muslime keinen „qualitativ" anderen, also blutigeren oder verhängnis-volleren Krieg geführt haben als Kroaten und Serben. Amartya Sen bezeichnet zudem die generelle Annahme, bestimmte Religionen seien per se besonders kriegerisch oder friedlich, als „grobe und gehässige Verallgemeinerung", und warnt vor der Annahme, dass Menschen, die per Religion zufäl-lig Muslime sind, einander im Grunde auch in anderer Hinsicht ähnlich sind.[53] Harald Müller ver-weist in diesem Zusammenhang darauf, dass

---

[48] Vgl. Fouad 1993: S. 3-5.
[49] Vgl. Calic 1995: S. 25.
[50] Vgl. Pantić 1991: S. 241-257.
[51] Huntington 1996: S. 415.
[52] Ebd.: S. 416.
[53] Vgl. Sen 2007: S. 23.

*„[...] die islamischen Länder und Völker wie der Käse auf einem Sandwich zwischen die an-
deren Weltkulturen eingequetscht sind, während die übrigen einen großen Teil ihrer Flanken
vom Meer geschützt sehen [...]"*[54]

Folglich hält er es nicht für gerechtfertigt, dem islamischen Kulturkreis, im Vergleich zu anderen
Kulturen - eine übermäßige inhärente Konfliktneigung zu unterstellen und diese auf den Islam als
kulturprägenden Faktor zurückzuführen.

4.3 Annahme absolut homogener Kulturkreise

Ein weiterer Kritikpunkt bezieht sich auf die Tatsache, dass Huntington Kultur als deterministi-
schen, strukturbildenden Faktor sieht und von absolut homogenen Kulturkreisen ausgeht. Amartya
Sen weist beispielsweise darauf hin, dass eine Schwäche der Kulturtheorie darin besteht,

*„[...] dass sie die Verschiedenheiten innerhalb der benannten Kulturen ignoriert und über
die ausgedehnten Wechselbeziehungen zwischen den Kulturen hinwegsieht."*[55]

Damit unterstellt er, dass Menschen nicht einfach einem absolut homogenen Kulturkreis zugeordnet
werden können, sondern innerhalb ihrer jeweiligen Zivilisation viele verschiedene Identitäten haben.
Diese Identitäten machen es in seinen Augen unmöglich, ganze Kulturkreise einheitlich entlang eines gewissen Zivilisationsbewusstseins zu einem Kampf der Kulturen zu mobilisieren. Gerade mit
Blick auf sehr heterogene Kulturen wie den Islam drängt sich also die Frage auf, ob Huntingtons
absolut strukturprägender Kulturbegriff überhaupt auf die internationale Politik anwendbar ist.[56]
Auch Bassam Tibi argumentiert mit Blick auf den Islam, dass Kultur eine besondere Ausprägung
innerhalb einer Zivilisation ist und unterstellt damit ebenfalls, dass innerhalb einer Zivilisation verschiedene kulturelle Identitäten auftreten können.[57]

---

[54] Müller 2001: S. 13.
[55] Sen 2007: S. 23.
[56] Vgl. Müller 2003: S. 562f.
[57] Vgl. Tibi 1995: S. 84.

Ferner stimmt Wolfgang Bergsdorf mit den genannten Kritikern überein, indem er Huntington vorwirft, dieser würde die Kulturkreise so zu monolithischen Blöcken zusammenzwängen, dass innere Differenzierungen ausgeblendet werden.[58]

Mit Blick auf den Balkan lässt sich auch dieser Einwand erhärten. Es wurde ja bereits aufgezeigt, dass sich im Bosnienkrieg nicht drei Kriegsparteien, aus drei völlig unterschiedlichen und jeweils homogenen Kulturkreisen gegenüber standen, sondern, dass es in den Jahren vor dem Konflikt zur Bildung regionaler multikultureller Gesellschaften kam. Ajami Fouad stellt hierzu auch treffend fest, dass der Bosnienkrieg nicht als Beispiel für den Kampf zweier Kulturen gegeneinander dienen kann, weil Serben und Kroaten schließlich die selbe Sprache sprechen.[59] Immerhin definiert Huntington die Sprache als einen wichtigen, kulturprägenden Faktor. Es erscheint also unangebracht, die Kriegsparteien mit Blick auf den Bosnienkonflikt als angehörige unterschiedlicher, jeweils homogener Kulturkreise zu betrachten.

4.4. Unterbewertung der Nationalstaaten als Akteure der internationalen Politik

Auch Huntingtons Sicht zur zukünftigen weltpolitischen Rolle der Nationalstaaten stößt bisweilen auf Kritik. Obwohl Huntington die künftige Rolle der Nationalstaaten als bedeutende Akteure der internationalen Politik einer These vom Kampf der Kulturen nicht in Abrede stellt, prognostiziert er, dass diese in Zukunft von ihren jeweiligen Kulturen bzw. Kulturräumen in ihrer Entscheidungsfindung kontrolliert werden und nicht umgekehrt. Dementsprechend deutet er die Kämpfe von muslimischen Bosniern, Kroaten und Serben, sowie das Verhalten ihrer jeweiligen Kulturkreisgenossen im Bosnienkrieg ausschließlich als Indiz für einen Kampf der Kulturen. Er sieht kulturelle Unterschiede zwischen den drei Bevölkerungsgruppen in Bosnien-Herzegowina als einzige Konfliktursache und behauptet auch, dass alle beteiligten Gruppierungen und Nationalstaaten inklusive ihrer Verbündeten einzig und allein durch ihr Zivilisationsbewusstsein bzw. durch die unüberwindbaren kulturellen Unterschiede auf dem Balkan geleitet und motiviert wurden. Diese Unterbewertung der Nationalstaaten kritisiert beispielsweise Ajami Fouad, indem er argumentiert:

---

[58] Vgl. Bergsdorf 2002: S. 2002.
[59] Vgl. Fouad 1993: S. 7.

„States avert their gaze from blood ties when they need to; they see brotherhood and faith and kin when it is in their interest to do so. "[60]

Er behauptet also, Staaten würden ihre Kulturkreiszugehörigkeit nur nutzen, um eigene außenpolitische Haltungen, Handlungen und Vorhaben bei Bedarf zu legitimieren, sich im Zweifelsfall aber nicht durch ihre kulturelle Identität in ihrem Handeln leiten, beeinflussen oder einschränken lassen.

Marie-Janine Calic geht in ihren Ausführungen zum Bosnienkrieg sogar noch einen Schritt weiter. Sie behauptet, dass kulturelle Unterschiede auf dem Balkan mittels Kriegspropaganda gezielt instrumentalisiert wurden, um Feindbilder zu erzeugen, die nötig waren „um die eigenen Kriegsziele zu legitimieren, Soldaten zu motivieren und ihre Tötungshemmungen abzubauen".[61] Bereits vor dem Krieg habe sich nationalistische Propaganda ihre kulturspezifischen Ausdrucksformen gesucht. Kulturelle Gegensätze seien beispielsweise von der Presse gezielt „dem politischen Alltagsgeschäft zuträglich"[62] propagandistisch hervorgekehrt und wieder revidiert worden. Auch während des Krieges sei eine Flut von Gerüchten über Fehlverhalten und Kriegsverbrechen der jeweils anderen Seite in Umlauf gesetzt worden.[63] Nach Calics Auffassung wurden vorhandene Feindbilder als „Überzeichnung bereits seit längerer Zeit gepflegter kulturzentrischer Argumente und Vorstellungen"[64] vor und während des Konflikts auf allen Seiten bewusst erzeugt und verbreitet, um den Krieg rechtfertigen zu können. Ursachen für den Bosnienkrieg bzw. die Jugoslawienkriege allgemein sieht sie also nicht in kulturellen Unterschieden, sondern in Konflikten um die Verteilung von Macht und Herrschaft, sozialen und wirtschaftlichen Verteilungskämpfen und die Verteilung der Aufstiegschancen.[65] Dieter Senghaas stimmt diesbezüglich mit Calic überein und betont:

„Obgleich von einer breiten Ethnizitätsforschung gut dokumentiert, entgeht Huntington die Tatsache, dass kulturelle und in aller Regel religiöse Faktoren selten am Ausgangspunkt einer Konfliktsituation durchschlagendes Gewicht besitzen. "[66]

---

[60] Fouad 1993: S. 9.
[61] Calic 1995: S. 109.
[62] Ebd.: S. 114f.
[63] Vgl. Ebd.: S. 111.
[64] Calic 1995: S. 112f.
[65] Vgl. Calic 1995: S. 29.
[66] Senghaas 1998: S. 141.

Somit lässt sich deutlich feststellen, dass Nationalstaaten in ihrem außenpolitischen Handeln keines-falls ausschließlich durch ihre Kulturkreiszugehörigkeit geleitet werden. Kultur dient für diese of-fensichtlich vielmehr dazu, nationale oder nationalistische Ziele zu erreichen bzw. zu rechtfertigen. Gazi Calgar ist sogar der Meinung, dass Staaten gezielt nach neuen, dauerhaften Ideologien suchen, um ihre Völker im Kampf um wirtschaftliche, politische, militärische und kulturelle Einflusssphären zu mobilisieren.[67]

4.5 Fragwürdigkeit des Kin-Country Syndroms und der Kernstaatenkonflikte

Abschließend kritisieren zahlreiche Politikwissenschaftler Huntingtons Kin-Country Syndrom und die Annahme von so genannten Kernstaatenkonflikten. In seinen Ausführungen zum „Clash of Civi-lizations" behauptet er nämlich, dass sich die Staaten innerhalb der jeweiligen Kulturkreise an die stärkste Macht in der Zivilisation, den Kernstaat, annähern würden, um Schutz und Unterstützung zu erlangen. Gleichzeitig geht Huntington davon aus, dass die Kernstaaten kleinere Staaten bei Kriegen und Konflikten auch tatsächlich unterstützen werden. Dies kann seiner Ansicht nach sogar zu einem Kernstaatenkonflikt führen.

Harald Müller wendet hingegen ein, dass sich Länder innerhalb des Kulturkreises nicht zwingend an den bestimmten Kernstaat anfügen werden, weil jeder Staat zur Durchsetzung seiner Interessen, den für sich optimalen Bündnispartner auswählt.[68] Bei solchen Entscheidungen geht es nicht vorder-gründig um kulturelle Gemeinsamkeiten. Zudem werden auch die Kernstaaten ihren Kulturgenossen nicht automatisch beispringen bzw. diese unterstützen, falls es nicht ihrem eigenen außenpolitischen Interesse entspricht.

Anhand des Fallbeispiels Bosnienkrieg lässt sich feststellen, dass auch dieser Einwand durchaus seine Berechtigung hat. Huntington gibt zwar zu, dass sich der Westen – entgegen seines angebli-chen Zivilisationsbewusstseins - anfangs auch mit den bosnischen Muslimen solidarisch zeigte, ver-schweigt aber, dass man im weiteren Kriegsverlauf sogar Truppen entsendete, um die letzten Reste bosnisch-muslimischer Staatlichkeit vor einer Auslöschung durch die anderen Kriegsparteien zu bewahren.

---

[67] Vgl. Calgar 2002: S. 146.
[68] Vgl. Müller 2001: S. 44.

Auch Russland hätte nach der These des „Clash of Civilizations" entschiedener zugunsten der Serben auftreten müssen. Harald Müller verweist zudem mit Recht darauf, dass sowohl der Westen als auch Russland den serbisch-kroatischen Plan zur Aufteilung Bosnien-Herzegowinas zwischen beiden Staaten, aktiver unterstützen hätten müssen, falls ein tatsächlicher Kampf der Kulturen vorgelegen hätte.[69]

---

[69] Vgl. Müller 2001: S. 14f.

5. Fazit

Rekapituliert man nun abschließend die Ergebnisse dieser Arbeit, so zeigen sich in Samuel P. Huntingtons These vom Kampf der Kulturen diverse konzeptionelle Fehler bzw. Schwächen. Zweifellos ist der „Clash of Civilizations" ein mutiger Versuch, die Frage zu beantworten, welche Konflikte die internationale Politik nach Ende des Kalten Krieges geprägt haben bzw. noch prägen werden. Huntington ist bei seinen Forschungen natürlich nicht entgangen, dass eine Vielzahl an derzeitigen weltweiten Konflikten einen kulturellen bzw. explizit religiösen Hintergrund zu haben scheinen. Dies veranlasste ihn zunächst dazu, ein eigenes Kulturkreiskonzept zu entwickeln. Anhand diverser Beispiele versuchte er anschließend zu belegen, dass Unterschiede zwischen diesen Kulturen künftig die bestimmende Quelle für gewaltsame Konflikte in der internationalen Politik sein werden. Abschließend entwickelte er anhand diverser historischer und statistischer Quellen die These, dass es in Zukunft einen Krieg des Westens gegen den Rest der Welt geben wird, in dem vor allem der sinische und der islamische Kulturkreis als mächtige Konkurrenten auftreten.

In dieser Arbeit wurde die Huntington'sche These anhand eines Fallbeispiels untersucht: dem Bosnienkrieg. Es ist eben jener Konflikt, den Huntington selbst oftmals als Beleg für seine Behauptungen verwendet hat. Es konnte gezeigt werden, dass der Krieg auf dem Balkan eben kein eindeutiger Krieg der Zivilisationen ist. Zunächst wurde herausgestellt, dass es wenig Sinn macht, eine messerscharfe Kulturkreisabgrenzung durchzuführen. Einerseits nämlich lassen sich diverse Staaten nicht eindeutig zuordnen, andererseits kann nicht davon ausgegangen werden, dass Kulturkreise nicht aufeinander einwirken. Deshalb muss von der Bildung regionaler multikultureller Gesellschaften ausgegangen werden. Zudem konnte am Fallbeispiel gezeigt werden, dass die Religion eben nicht den kulturprägendsten Faktor darstellt und so ursächlich für Konflikte ist, da Säkularisierung und Modernisierung auf dem Balkan Einzug gehalten haben. Des Weiteren konnte die Behauptung Huntingtons widerlegt werden, die Kultur habe einen strukturbildenden Effekt. Da Kulturkreise – wie diverse Beispiele zeigen – niemals homogen, d.h. die Unterschiede zwischen verschiedenen Menschen und Gruppen auch innerhalb der einzelnen Kulturkreise sehr groß sind, lassen sich Menschen nicht bzw. kaum entlang kultureller Bruchlinien mobilisieren. Außerdem wurde aufgezeigt, dass Kultur- bzw. Kulturkreiszugehörigkeit keinesfalls einen entscheidenden Einfluss auf das außenpolitische Handeln von Nationalstaaten hat.

Vielmehr konnte am Beispiel des Bosnienkonflikts deutlich gemacht werden, dass Huntington die Nationalstaaten in seiner These deutlich unterschätzt. Diese handeln nämlich interessengebunden und nützen kulturelle Aspekte bzw. ihre Kulturkreiszugehörigkeit nur zur Legitimation ihrer politischen Aktionen. Staaten kontrollieren also Kulturen, nicht umgekehrt. Abschließend wurde bei der Untersuchung des Fallbeispiels auch deutlich, dass Huntingtons Kin-Country Syndrom und Kernstaatenkonflikte nicht bzw. nur in minimaler Form auftreten. Zwar kam es zu Solidaritätsbekundungen und vereinzelten militärischen, logistischen und finanziellen Unterstützungen durch Kulturgenossen, doch kann nicht behauptet werden, dass sich der Konflikt in Bosnien in irgendeiner Weise entscheidend auf das generelle Verhältnis der betreffenden Kulturkreise ausgewirkt hätte.

Selbstverständlich erfolgte die Überprüfung der These Huntingtons in dieser Arbeit nur anhand eines beliebigen Fallbeispiels. Dabei traten allerdings teils erheblich Mängel an der Vorstellung eines Kampfes der Kulturen zu Tage. Es muss also daran gezweifelt werden, ob es im 21. Jahrhundert tatsächlich zu einem „Clash of Civilizations" kommt. Soll eine Theorie nämlich allgemeingültigen Charakter haben, muss sie auch anhand konkreter Fallbeispiele vollständig nachvollziehbar und überprüfbar sein. Diese Arbeit hat deutlich aufgezeigt, dass dies nicht der Fall ist. Es bleibt der Eindruck, dass sich Huntington im Glauben an einen künftigen Dualismus zwischen dem Westen und dem Rest der Welt den Blick darauf verstellt, dass die Welt sehr viel komplexer ist als in seiner Theorie dargestellt. Nur weil diverse Fundamentalisten kulturelle bzw. religiöse Unterschiede als Mittel zum Zwecke der Mobilisierung ganzer Nationen ausgemacht haben wollen, entspricht diese noch lange nicht den Faktoren, die geeignet sind, um Nationalstaaten tatsächlich in ihrem Handeln zu beeinflussen. Huntington arbeitet oftmals nicht seriös, d.h. er nutzt entweder nur einseitig diejenigen Daten und Fakten, die seine Behauptung stützen, oder bedient sich Belegen, die durchaus auch mehrdeutig ausgelegt werden können. Dies macht ihn angreifbar und begründet den weltweiten Aufschrei - vor allem in der islamischen Welt – gegen die Prognose eines Kampfes der Kulturen.

Literaturverzeichnis

1. Barth, Peter, Im Zeichen des Terrors – Erleben wir einen Kampf der Kulturen?, München 2002.

2. Bergsdorf, Wolfgang, Weltreligionen und Politik im 21. Jahrhundert, in: Politische Meinung, Nr. 386/02; 2002.

3. Bryant, Lee, Chronology of the Battle for Bosnia, in: Warreport, August/September 1993

4. Calgar, Gazi, Der Mythos vom Krieg der Zivilisationen. Der Westen gegen den Rest der Welt. Eine Replik auf Samuel P. Huntingtons Kampf der Kulturen, München 2002.

5. Calic, Marie-Janine, Der Krieg in Bosnien-Hercegovina. Ursachen – Konfliktstrukturen - Internationale Lösungsversuche, 1. Auflage, Frankfurt a. M. 1995.

6. Chiozza, Giacomo, Is there a Clash of Civilizations? Evidence from Patterns of International Conflict Involvement, 1946-97, in: Journal of Peace Research, November 2002.

7. Fouad, Ajami, The Summoning, in: Foreign Affairs, September/October 1993.

8. Huntington, Samuel P., The Clash of Civilizations?, in: Foreign Affairs, Vol. 72 No. 3.

9. Huntington, Samuel P., Kampf der Kulturen – The Clash of Civilizations. Die Neugestaltung der Weltpolitik im 21. Jahrhundert, München 1996.

10. Huntington, Samuel P., Kampf der Kulturen. Die Neugestaltung der Weltpolitik im 21. Jahrhundert, München 2002.

11. Klinghammer, Wolfgang, Kampf der Kulturen im Kosovo? Huntingtons Theorie und die Schlacht um das Amselfeld, Marburg 2002.

12. Müller, Harald, Das Zusammenleben der Kulturen. Ein Gegenentwurf zu Huntington, Frankfurt a. M. 2001.

13. Müller, Harald, Kampf der Kulturen. Religion als Strukturfaktor einer weltpolitischen Konfliktformation?, Wiesbaden 2003.

14. Müller, Harald, Das Zusammenleben der Kulturen. Ein Gegenentwurf zu Huntington, 2. Auflage, Frankfurt am Main 1998.

15. Pantić, Dragomir, Religioznost gradjana Jugoslavije, in: Institut društvenih nauka/Centar za politikološka istraživanja i javno mneje (Hg.), Beograd 1991, (gefunden in: Calic, Marie-Janine 1995: S. 26).

16. Sen, Amartya, Der Missbrauch der Kulturen – Identität als Falle, in: LE MONDE diplomatique, Februar 2007.

17. Senghaas, Dieter, Zivilisierung wider Willen. Der Konflikt der Kulturen mit sich selbst, Frankfurt am Main 1998.

18. Tibi, Bassam, Krieg der Zivilisationen. Politik und Religion zwischen Vernunft und Fundamentalismus, Hamburg 1995.

Lightning Source UK Ltd.
Milton Keynes UK
UKHW01f1904041018
330026UK00001B/212/P